El bosque

por Rita Crosby

Scott Foresman
is an imprint of

Glenview, Illinois • Boston, Massachusetts • Chandler, Arizona
Upper Saddle River, New Jersey

Every effort has been made to secure permission and provide appropriate credit for photographic material. The publisher deeply regrets any omission and pledges to correct errors called to its attention in subsequent editions.

Unless otherwise acknowledged, all photographs are the property of Pearson.

Photo locations denoted as follows: Top (T), Center (C), Bottom (B), Left (L), Right (R), Background (Bkgd)

Opener (Bkgd) Digital Vision, Opener (C) Digital Vision; 1 Digital Vision; 3 (CR) © Royalty-Free/Corbis, 3 (CL) Digital Vision, 3 (TL) Getty Images, 3 (BL) Rubberball Productions, 3 (C) © Comstock Inc., 3 (BR) Rubberball Productions; 4 Digital Vision; 5 Digital Vision; 6 © Royalty-Free/Corbis; 7 Digital Vision; 8 (BR) Rubberball Productions, (C) Getty Images

ISBN 13: 978-0-328-53309-1
ISBN 10:   0-328-53309-2

1 2 3 4 5 6 7 8 9 10 V0G1 18 17 16 15 14 13 12 11 10 09

Caminamos en el bosque.

Vemos estos árboles y animales en el bosque.

Caminamos en el bosque.

Bajo la luz del sol vemos flores y árboles de hojas verdes.

Caminamos en el bosque.

Vemos árboles de hojas amarillas, rojas y anaranjadas.

Caminamos en el bosque.

Vemos semillas que caen de un árbol.

Una ardilla se come una semilla grande.

Caminamos en el bosque.

Vemos un oso en un arroyo.

Busca comida bajo el agua.

Caminamos en el bosque.

Vemos un pájaro rojo en un árbol.

Pensar y comentar

1. ¿Por qué crees que la autora escribió sobre el bosque?

2. ¿Qué sabías sobre los bosques antes de leer este libro? ¿Cómo te ayudó ese conocimiento a entender el libro?

3. Busca palabras del cuento que tengan sílabas con *j* y *v*. Escríbelas en una tabla como ésta.

Sílabas con *j*	Sílabas con *v*

4. ¿Qué aprendiste sobre el bosque al mirar las ilustraciones del libro?

Ciencias

Género	Comprensión: Destrezas y estrategia
No ficción narrativa	• Propósito del autor • Causa y efecto • Conocimientos previos

Pearson Scott Foresman Calle de la Lectura 1.2.5

Scott Foresman
is an imprint of

ISBN-13: 978-0-328-53309-1
ISBN-10:   0-328-53309-2

90000>

9 780328 533091

Plants and Animals Living Together

by Jocelyn Vial

Vocabulary

carnivore	germs
competition	herbivore
consumer	omnivore
decay	predator
decomposer	prey
disease	producer
germs	

Illustration: 19 Jeff Mangiat
Photographs: Every effort has been made to secure permission and provide appropriate credit for photographic material. The publisher deeply regrets any omission and pledges to correct errors called to its attention in subsequent editions. Unless otherwise acknowledged, all photographs are the property of Scott Foresman, a division of Pearson Education. Photo locators denoted as follows: Top (T), Center (C), Bottom (B), Left (L), Right (R) Background (Bkgd)
Title Page: ©D. Robert and Lorri Franz/Corbis; 2 ©Rick Raymond/Index Stock Imagery; 4 ©Stephen Frink/Corbis; 5 ©Michael & Patricia Fogden/Corbis; 6 (BL) ©Carol Havens/Corbis, (BR) ©Frank Blackburn/Corbis; 6 (BR) ©D. Robert and Lorri Frantz/Corbis; 7 (CL) ©K. H. Haenel/Zefa/Masterfile Corporation, (TR) ©Randy Wells/Corbis, (CR) ©Danny Lehman/Corbis; 8 (CL) ©Frank Blackburn/Corbis, (B) ©D. Robert and Lorri Franz/Corbis; 9 (CL) Getty Images, (CR) ©Yva Momatiuk/John Eastcott/Minden Pictures, (BR) ©Naturfoto Honal/Corbis; 10 ©Raymond Gehman/Corbis; 11 (Bkgd) ©Martin Harvey/Photo Researchers, Inc.; 11 ©DK Images; 12 ©Harry Engels/Photo Researchers, Inc.; 13 (T) ©Bob Daemmrich/Corbis, (CC) Getty Images, (B) ©Ed Bock/Corbis; 14 ©Gary Braasch/Corbis; 15 (CR) ©Bruce Forster/Getty Images, ©Jim Brandenburg/Minden Pictures; 16 (CL) ©G. Biss/Masterfile Corporation; 17 (Bkgd) Getty Images; 20 Getty Images; 22 (BL) ©DK Images, (CR) ©S. Lowry/University Ulster/Getty Images

ISBN: 0-328-13817-7